1. Introduzione al programma comunitario per la lotta alla criminalità organizzata

PON SICUREZZA PER LO SVILUPPO (OBIETTIVO CONVERGENZA), 2007 (aggiornato al 2009) -> programma italiano in attuazione dell'obiettivo **Convergenza**, che interessa le regioni a loro volta colpite dal problema della criminalità organizzata.

L'idea di fondo è che vi è un collegamento fra il disagio sociale ed economico delle regioni del Sud e la presenza della **criminalità organizzata**

Il documento mette in relazione una serie di INDICATORI per dimostrare che vi è tale collegamento.
1) *INDICATORI ECONOMICI:* PIL, indice di povertà, trend dei tassi di disoccupazione, percentuale (stimata) dei lavoratori non regolari, livello di istruzione/formazione
2) *INDICATORI DI CRIMINALITÁ*: criminalità diffusa, criminalità organizzata, livello di criminalità minorile

-> è probabile che, agendo sulle **variabili di rottura** (cioè incidendo sulle condizioni socio-economiche), si potrebbe ridurre il livello di criminalità, senza prescindere, ovviamente, dalla lotta alle organizzazioni criminali. Sono due obiettivi convergenti, entrambi necessari, che possono completarsi a vicenda: magistrature ed economia possono lavorare affiancate per sradicare questi fenomeni.

[Digitare il testo]

La lotta alla criminalità organizzata in ambito comunitario
e
La Pedofilia

Prof. Dott. Giovanni Moscagiuro

Si affronta un tema scottante, che ha assunto negli ultimi anni una notevole rilevanza criminale, oltre a trattare i punti salienti del programma comunitario per la lotta alla criminalità organizzata e fornire un quadro sintetico della situazione delle regioni del Sud Italia in merito agli indicatori socio-economici e di criminalità.

1

La lotta alla criminalità organizzata in ambito comunitario

2. Indicatori socio-economici delle regioni del Sud Italia

TASSO DI CRESCITA DEL PIL (dati 2005)
Le regioni del Sud sono fortemente arretrate rispetto alla media italiana e, ancor di più, rispetto a quella europea. Anche in periodi di forte crescita (2003), il Mezzogiorno scontava un forte ritardo e non stava convergendo in maniera adeguata.

INDICE DI POVERTÁ REGIONALE
2003: 13 famiglie su 100 sotto la soglia di povertà in Italia; 20,4 in Campania (e il dato è peggiorato sensibilmente dopo la crisi economica, con l'Italia al 25%). La Sicilia, considerata la regione più "mafiosa", era al 34% -> primo forte collegamento fra le due batterie di indicatori.

TASSI DI OCCUPAZIONE (senza distinzione di genere)
Il Sud scontava almeno 7 punti percentuali in meno, in media -> meno persone occupate ci sono, più è facile che i disoccupati si dedichino al lavoro sommerso o alla criminalità.

LAVORO SOMMERSO
È misurato senza sbarramento ai 64 anni (limite normale della popolazione attiva), perciò il tasso è più basso rispetto ad altri indicatori già visti.
In Italia, nel 2003, vi era il 13% di lavoratori dediti al lavoro nero; nel Sud il dato superava ampiamente il 20% -> è un dato importante perché la criminalità organizzata, molto spesso, si rivolge per i suoi "lavori" ad imprese che, a loro volta, sono illegali (ad esempio, non registrate presso la Camera di Commercio) -> il lavoro sommerso è un punto di contatto fra economia e criminalità.

DROP OUT (ragazzi fra i 18 e i 24 anni che non hanno completato la scuola dell'obbligo)
- Italia: 20,6%;
- Mezzogiorno: 25%;
- Obiettivo Convergenza: 26,5% -> fra questa percentuale di non diplomati vi sono i ragazzi che, abitualmente, vengono "reclutati" dalla criminalità organizzata, non avendo un futuro certo né prospettive di miglioramento se non entrare a far parte delle leve mafiose.

3. Indicatori dell'attività criminale nelle regioni del Sud Italia

INDICE DI CRIMINALITÁ DIFFUSA
Percentuale di delitti meno gravi sul totale dei delitti -> es: scippo, borseggio, abigeato, furti in uffici pubblici/negozi/appartamenti, furti a danno di coppie o prostitute, altri furti.
I micro-furti, in genere, non sono collegati con la criminalità organizzata, e di solito sono i "meno pericolosi". In Italia la percentuale era intorno al 50%, in Calabria al 30% (cioè si perpetrano più reati gravi rispetto alla media). La Campania ha una microcriminalità più elevata rispetto alla Calabria o alla Sicilia: ha un indice di povertà più elevato rispetto alle altre regioni, inoltre la criminalità è meno strutturata e potente di quanto non lo sia in altre aree.
-> nelle regioni più "mafiose", paradossalmente, c'è più "ordine" rispetto a regioni come la Campania o la Puglia. La tendenza ai micro-reati è inferiore poiché anche la delinquenza è "organizzata".

INDICE DI CRIMINALITÁ ORGANIZZATA
Reati ascrivibili alla criminalità organizzata (in base ai quali costruire dei precisi indicatori): omicidi di mafia/camorra/'ndrangheta, attentati dinamitardi o incendiari, furti di merci o veicoli commerciali, incendi dolosi, delitti passionali.
In Italia questi reati sono complessivamente aumentati (110 rispetto a 100). Al Sud sembrerebbero essere aumentati di meno (103 contro 100), ma non è un dato positivo: significa che, pian piano, la criminalità organizzata si sta diffondendo a regioni che prima non ne erano colpite. In Calabria e Sicilia, ad esempio, questi reati sono diminuiti (e ciò potrebbe essere dovuto alla lotta alla mafia), ma nelle regioni meno interessate dalla lotta alla criminalità, come la Campania, sono aumentati.

INDICE DI CRIMINALITÁ VIOLENTA
I reati più gravi sono i delitti per strage, i sequestri di persone, gli attacchi dinamitardi, gli infanticidi, gli omicidi dolosi, le violenze sessuali…
La Campania aveva 30 delitti violenti all'anno ogni 10.000 abitanti, contro una media italiana di 13.

CRIMINALITÁ MINORILE
Dove c'è maggiore povertà (in Sicilia), il tasso di delinquenza minorile è molto elevato (2,5 minori denunciati sul totale delle denunce dell'anno). È forte, tra l'altro, il tasso di INABISSAMENTO (non-denuncia dei reati), che potrebbe portare tutti i dati a un innalzamento consistente rispetto a quanto attualmente emerge dalle rilevazioni disponibili.

GIUSTIZIA
Giorni di giacenza di un procedimento penale in Corte d'Appello (i dati sono relativi solo

all'appello, non al procedimento completo, che richiede tempi molto più lunghi):
- Italia: 622;
- Palermo: 241 (eccezione in termini d'efficienza);
- Caltanissetta: 943;
- Catania: 969;
- Bari: 939.
-> i dati relativi all'andamento della giustizia sono preoccupanti, specialmente al Sud. Un'ottima eccezione è costituita dalla procura di Palermo, fortemente impegnata nella lotta alle organizzazioni criminali sin dai tempi di Falcone e Borsellino.

4. Indici di degrado ambientale nelle regioni del Sud Italia

ACQUA: 13 famiglie su 100 in Italia non hanno acqua regolarmente, in Calabria e in Sicilia di arriva al 30%. Il dato è ancora più preoccupante in Calabria che, essendo montagnosa, avrebbe ampie disponibilità, ma mancano le infrastrutture.
Dati simili si registrano per luce ed elettricità.

-> sono dati rilevanti perché la mancanza di infrastrutture e di energia segnala una ASSENZA DELLO STATO, grave perché è indice di una distanza fra il Sud e il resto del Paese.
Lo stesso vale per altri dati, come la vicinanza di farmacie, uffici postali, stazioni di polizia: vivere al Sud è più difficile, perché vi sono difficoltà strutturali anche nel raggiungere i luoghi più importanti per la vita del cittadino, facendo aumentare la percezione della mancanza dello Stato nelle regioni interessate.

5. L'organizzazione del programma per la lotta alla criminalità organizzata

www.sicurezzasud.it/programma/riassunto

Il Programma è diviso in 3 ASSI (priorità):

1) sicurezza per la libertà economica e dell'imprenditorialità;
2) diffusione della legalità;
3) assistenza tecnica

Per ogni asse, è possibile vedere quali operazioni sono state finanziate, con le relative assegnazione e lo stato dei progetti.

Vi sono importanti stanziamenti per la ristrutturazione di immobili (anche immobili sequestrati alla malavita): il principio fondamentale è sempre quello dell'ADDIZIONALITÁ: l'UE non interviene nelle spese di ordinaria amministrazione (come la benzina per le auto della Polizia), ma offre i propri fondi per realizzare opere di rilevanza pubblica che, senza aiuto, l'Italia non potrebbe realizzare autonomamente.

[Digitare il testo]

2

Le condotte pedofile e la loro evoluzione storico sociale

Il saggio è incentrato sulla pedofilia e sulla pedopornografia; affronta con acutezza queste tematiche, prendendo spunto dalla classificazione delle devianze sessuali secondo il DSM (Diagnostic and Statistical Manual of Mental Disorders)

1. La pedofilia tra sociologia e psicopatologia

Questo lavoro è un approfondimento su un tema più ampio, quello dei "cyber Crimes", sulla pedofilia on line. La riflessione è scaturita dall'osservazione delle possibilità della rete di far nascere delle comunità di pedofili, persone che nel passato vivevano nell'ombra ma che attraverso la rete adescano minori.

Il tema delle condotte pedofile è legato all'evoluzione del costume sessuale e della risposta sociale rispetto ad esse. Il computer riduce la comprensione del disvalore etico del proprio comportamento. Prendiamo le mosse da una definizione di PERVERSIONE ricorrente in testi recenti. La definizione è centrata sui comportamenti, conforme ad un criterio della psicopatologia ed è portata ad escludere i vissuti soggettivi in quanto poco verificabili.

SCOTT definisce "perverse" sono le attività e le fantasie sessuali, diverse dal rapporto genitale con il partner consenziente di sesso opposto e di pari maturità.

Si può appunto dire che c'è una norma generale che è accettata dalla comunità e che viene ritenuta la normalità. Questo è un insieme di norme morali, sociali, religiose, politiche. C'è bisogno di un impostazione che tenga anche conto dei dati oggettivi e verificabili.

Dalla seconda metà del 900 la "teoria della complessità" investe l'intero arco delle scienze, nasce dalla constatazione che le tradizionali concezioni lineari tendenti alla semplificazione dei problemi non riescono a spiegare i fenomeni complessi perché tendono ad esemplificare.

Gli esempi storici della varietà delle componenti costitutive dell'insieme in questione sono innumerevoli. Nella antica Roma la pederastia (relazione tra un adulto ed un adolescente) e la pedofilia erano pratiche diffuse ma non solo con gli schiavi. La religione pagana non poneva particolari limiti di genere e specie salvo il divieto dell'incesto. Coesistevano norme giuridiche e morali contraddittorie.

Importanti testimonianze ci sono offerte da TACITO che giudicava in modo severo Tiberio per le sue pratiche pedofile. SVETONIO narra che Caligola aveva sempre rapporti con tutte le sorelle e che Nerone faceva sesso con ragazzi liberi. Recenti scandali sono stati legati a pratiche pedofile da parte di sacerdoti. Nessuna società umana ha un carattere anomico: ovunque troviamo la sessualità regolata da norme usuali ed etiche. Variano le versioni di perversione e normalità e ciò fa di questo un fenomeno complesso.

A partire dall'affermarsi dell'etica cristiana del costume si è configurata una concezione meno permissiva di quella classica. La grande permissività sessuale del mondo antico fu alimentata dai primi fustigatori cristiani del costume pagano come Agostino e Tertulliano che si scagliano soprattutto contro l'omosessualità.

Il mondo antico non aveva posto una distinzione netta tra amore eterosessuale e omosessuale. Entrambi erano soggetti a restrizioni. Il piacere sessuale non veniva distinto in base al genere. La sessualità antica vedeva una distinzione tra parte attiva e passiva del rapporto puntando su una superiorità della parte attiva e sull'uomo rispetto alla donna. I romani rifiutavano la possibilità che si potesse nutrire una passione efebica per giovanetti dai 13 anni in poi come invece accadeva in Grecia. La rifiutavano però in quanto passione non perché fosse un attività omosessuale. I greci facevano finta di credere che il rapporto sessuale con un efebo fosse solo platonico. A Roma la pederastia non dava scandalo in sé. C'era una legge che vietava

l'adescamento sessuale nei confronti di giovanetti liberi, la relazione doveva essere consenziente. Era inammissibile l'inversione dei ruoli.
Desideri e comportamenti sessuali erano giudicati non in base alla diversità o all'identità di genere del partner bensì alla luce dei ruoli assunti nell'atto sessuale.
Anche nell'amore eterosessuale l'iniziativa spettava solo all'uomo.
Si predicava la moderazione sessuale: il piacere eccessivo e sfrenato era ritenuto pericoloso ma non si contrastava l'omosessualità. Ovviamente ognuno aveva i suoi vizi e poteva soddisfarli con gli schiavi o con la prostituzione. I più potenti poi come Nerone facevano semplicemente ricorso alla violenza.
Il cristianesimo sconvolse questa pratica della sessualità: il piacere diventa peccaminoso in se. È ammesso solo il rapporto matrimoniale se finalizzato alla procreazione. Viene esaltata comunque la castità e il rapporto deve avvenire al buio, la nudità è vietata ed è vietato accoppiarsi nelle ricorrenze sacre. Dalla tarda antichità e per tutto il medioevo fino ad oggi la morale sessuale cristiana ha permeato la norma ufficiale di costume occidentale, creando poi un divario tra norma e comportamenti effettivi. Modernizzazione e laicizzazione hanno poi indirizzato il costume sessuale occidentale verso la liberalizzazione esplosa nel 900. Fin dalle origini l'omosessualità è stata messa al bando fino al 700 era punibile con pena capitale e solo con l'800 si avrà un inizio di ipotesi laica e solo nel 900 si farà strada l'idea che l'omosessualità costituisce un diverso legittimo che va tutelato. Nel tempo innumerevoli leggi sono state fatte a tutela della sessualità.

Complesse risultano l'individuazione e l'analisi dei vissuti soggettivi soprattutto infantili che potrebbero essere condizionamenti dei comportamenti sessualità nell'età adulta.
La teoria di Freud costituisce a tutt'oggi la più organica e coerente spiegazione dello sviluppo sessuale dell'essere umano compresa la questione della normalità e della devianza. Freud ha inteso la sessualità in modo ampio, per questi il piacere sessuale non è legato esclusivamente agli organi genitali ma è una serie di attività e zone corporee che fin dalla prima infanzia cominciano ad essere interessate alla ricerca di sensazioni piacevoli. È il caso della suzione del pollice in una zona (quella orale) già attivata dal contattato con il seno materno. Non soddisfa solo un esigenza alimentare ma anche una pulsione sessuale. La grande scoperta di Freud è quella della sessualità infantile come sessualità polimorfa. Proprio per questo la sessualità nell'adulto ha un confine non netto tra normalità e devianza.
L'individuo freudiano percorre un lungo e travagliato cammino che da una situazione di

bisessualità iniziale e dal relativo poliformismo lo condurrà verso una sessualità matura. Le forme iniziali di questa sessualità non genitale (nelle tre fasi: orale, cutanea e anale) insorge come prodotto secondario di una serie di eventi dell'organismo, quando tali eventi raggiungono una certa identità. Incidono fattori ereditari e sopravvenuti.

L'uomo nasce sessualmente prematuro e tale situazione si protrae a lungo. Particolarmente è lungo il periodo successivo alla separazione dalla madre e precedente la maturazione sessuale. In questa fase la madre diventa inaccessibile, è un periodo di bisogni , sentimenti contrastanti, senso di privazione, gelosia e spinte di autonomia. Disposizioni biologiche ereditario o esperienza relazionale possono determinare la fissazione ad un aspetto arcaico della sessualità in termini di deviazione della normalità.

La "fissazione" alimentata da un attività fantasmatica intensa nella fase di latenza può lasciare una traccia diventando un ricorrente accessorio della stessa sessualità matura.

3) stato merito di Freud il recupero della nozione di perversione dal museo degli orrori per ricondurla nell'ambito di una panoramica generale sullo sviluppo umano.

4) evidente che nella maggioranza dei casi il piacere sessuale è eterosessuale, le più recenti acquisizioni etico giuridiche relative alla nostra area culturale sembrano orientate a porre un rifiuto alla violenza qualunque sia la forma si sessualità applicata. La devianza va tollerata nella misura in cui non implica violenza o prevaricazione per l'altro. La devianza potrebbe rappresentare un accentuazione di un nucleo perverso comune a tutti gli esseri umani.

La più nota classificazione delle devianze sessuali è quella dell'AMERICAN PSYCHIATRIC ASSOCIATION, sistema diagnostico più diffuso negli USA e nell'area occidentale fondato dal "diagnostic and statistical manual of mental disorders" che distingue i diversi disturbi mentali fornendo in termini descrittivi gli elementi comportamentali più caratteristici e frequenti per ciascuno di essi.

Alla voce "disturbi sessuali e dell'identità di genere" riscontriamo la rinuncia all'indagine sui vissuti soggettivi e sulle possibili congetture su quando potrebbe essere a monte dei comportamenti.

La sezione che ci interessa distinguere è tra "disfunzioni sessuali" e "parafilie", i "disturbi dell'identità di genere" e il "disturbo sessuale non altrimenti specificato".

Concentriamoci sulle PARAFILIE. Queste sono caratterizzate da ricorrenti e forti impulsi, fantasie o comportamenti sessuali che implicano oggetti, attività inusuali e causano disagio clinicamente significativo o compromissione dell'area sociale, lavorativa o di altre aree del funzionamento.

Le parafilie includono: esibizionismo, feticismo, pedofilia, masochismo, sadismo, voyeurismo.

È scontato che da parte dell'indirizzo psicoanalitico vi sia un atteggiamento critico nei confronti di queste classificazioni.

MELTZER contesta la stessa terminologia, facendo salva soltanto la coppia sadismo-masochismo. Propone un criterio diverso di inquadramento. Rifiuta una specificità qualificante.

Psicopatologia, psichiatria e psicoanalisi non offrono le uniche spiegazioni elaborate dalle scienze umane. È il caso di citare la "teoria dell'apprendimento sociale" di Bandura e Mischel secondo cui l'apprendimento dei comportamenti sessuali e lo sviluppo dell'identità di genere troverebbe una spiegazione nella imitazione e nel rinforzo. I due autori ritengono che la maggior parte dei comportamenti umani vengano appresi tramite l'osservazione degli altri e l'imitazione. Gli autori reintroducono gli eventi mentali, i bambini imparerebbero a comportarsi in modo diverso acquisendo l'identità di genere attraverso l'osservazione e l'imitazione rafforzata nei vari contesti sociali: famiglia scuola ecc. spicca rispetto alla teoria psicoanalitica, l'inversione dei ruoli della madre e del padre. Per la teoria freudiana i bambini si identificano prima con la madre e solo dopo con il padre. Per i teorici dell'apprendimento sociale, l'acquisizione della identità di genere seguirebbe l'imitazione e il rinforzo.

Le "teorie dello sviluppo cognitivo" come Kohlberg sono fra le più note. I bambini si impossessano solo gradualmente del senso del genere per arrivare soltanto successivamente a definire se stessi e gli altri come maschi e femmine. Ovvero verso i 5/6 anni. Prima di questa età cose come i capelli o gli abiti sono segni di mascolinità o femminilità. Di fronte alla varietà delle teorie ci sembra ci siano due reazioni da evitare: quella semplicistica e una di esclusione di tutte le soluzioni. Le teorie sono tutte interessanti.

la scrittrice sottolinea che benché loro privilegino l'apporto della teoria freudiana non disdegnano le altre teorie ma le accettano e esaltano le parti rilevanti.

2. Le condotte pedofile nel dibattito socio culturale

Una definizione considerata in psichiatria è quella del DSM (Diagnostic and Statistical Manual of Mental Disorders). La pedofilia è definita come "attività sessuale con bambini fino ai 13 anni messa in atto da soggetti che abbiano almeno 16 anni con una differenza di almeno 5 anni rispetto alla vittima. Il fattore età è in rilievo anche se un approccio pedofilo si caratterizza anche per la varietà delle modalità con le quali si manifesta presentando vari gradi.

L'età delle vittime viene presa in considerazione dal DSM per tracciare una tipologia di preferenza del pedofilo. GIESE E HOWITT se ne sono occupati in modo particolare. Si ipotizza che:

bambini fra i 2 e i 7 anni attirino pedofili portatori di un quadro pericoloso
e complesso. Bambini fra gli 8 e i 10 anni attirano pedofili mediamente
pericolosi.

Bambini fra i 10 e gli 11 anni attirano un adulto meno grave per via delle fattezze
vicine all'adulto. Inoltre viene fatta una distinzione tra:

TIPO ESCLUSIVO – attratto solo da minori
TIPO NON ESCLUSIVO – attratto anche da adulti.

Il DSM segnala come le attività pedofile spesso vengono giustificate da argomentazione come "hanno un valore educativo per il bambino", queste giustificazioni sono aumentate attraverso internet.

Un'altra caratteristica ricorrente nei soggetti pedofili è legata alla natura ego sintonica di questa parafilia. Molti soggetti pedofili non trovano significativo disagio.

Il DSM dice che i pedofili possono limitare tali attività ai propri figli o anche agli altri bambini.

Il DSM sfiora il tema della genesi della pedofilia riferendosi esclusivamente all'età in cui sorge ovvero solitamente nell'adolescenza a cui poi si aggiunge un decorso cronico.

La sessuologia e la psicanalisi ci pongono una ricca e complessa problematica, rispetto a cui non è facile orientarsi. Le teorie sessuologiche del 900 che attribuivano la pedofilia ad una tara costituzionale di tipo degenerativo caratterizzata da alterazioni qualitative dell'istinto sessuale vengono ancora oggi riprese da autori come la COSTANZO.

Oggi sembra più fondata l'ipotesi multifattoriale, anche in base a questo non si può dare un'unica definizione di pedofilia.

GLUECK e HAMMER individuano 4 fattori fondamentali come possibili condizioni della pedofilia:
- Reazione al complesso edipico, accompagnata dalla paura della castrazione e dall'inibizione nei rapporti con partners sessualmente maturi;
- Una inibizione connessa a schizofrenia;
- Una debolezza dell'Io ed un connesso inadeguato controllo degli impulsi una ridotta sublimazione degli impulsi.

GLUECK ha formulato due ipotesi di fondo:
- La pedofilia come conseguenza di un blocco nello sviluppo psicosessuale per via di un trauma precoce

Conseguenza di una sessualità priva di fantasia e sublimazione a causa di insuccessi per una distorsione del meccanismo di formulazione della coscienza.
-

Alcuni autori più recenti propongono un discorso centrato sulla psicologia del sé come KOHUT: la pedofilia sarebbe da attribuire alla "rottura dell'unità interna del sé".
MITCHELL si allontana dalla teoria classica, considera la pedofilia e le perversioni come una fuga dalla relazione oggettuale con la madre. L'attività pedofile rappresenterebbe una sfida verso l'immagine materna. GABBARD sostiene che il pedofilo per scarsa autostima, realizza con i bambini un senso di forte sicurezza, per scarsa autostima, realizza con i bambini un senso di forte sicurezza, per la tendenza ad una riformazione del sé.
WYSS analizzando una casistica di 160 delinquenti sessuali denota alcune caratteristiche comuni: nevrosi, sfoghi improvvisi senza scelta, inadeguatezza a rapporti con partners maturi ecc. allo stesso modo IARIA nota schizofrenia, alcolismo, psicosi. Inoltre Jaria crede che l'accanimento sessuale sia solo una parentesi nella storia interiore dell'individuo. È tipica anche l'assenza di tenerezza.
P. CAPRI sostiene che il pedofilo non è di per se un malato ma un soggetto con tratti di personalità a volte anomale, patologiche con aspetti immaturi dell'io con deficit affettivi e problematiche relazionali.
La pedofilia quindi è un sintomo di disturbo. Come l'autore fa notare vanno distinti i pedofili che hanno fantasie verso i bambini da quelli che oltre i bambini si orienterebbero anche verso gli animali, donne fragili solo perché l'occasione lo permette.
Per quanto riguarda la percezione sociale del fenomeno essa è condizionata dai media che parlano di pedofilia anche di adulti con ragazze di 17 anni. Ma ciò è un errato concetto. I media inoltre trattano questo tema non solo per le forti reazioni emotive di fronte ai mostri ma anche perché attira il pubblico.

PETRONE E ROSATI distinguono tra:
PEDOFILO LATENTE – ossessionato da fantasie nei confronti di bambini ma che non ha la forza di arrivare all'atto in se per paura di essere smascherato.
PEDOFILO OCCASIONALE – un soggetto amante del fenomeno del turismo sessuale. Potrebbe trattarsi di una trasgressione occasionale.
Gli autori individuano inoltre:
 un "pedofilo dalla personalità immatura" un soggetto che non è riuscito a sviluppare una normale capacità di rapporto. Si sente a suo agio solo in relazioni di disparità, generalmente questo non è aggressivo, corteggia il bambino con modi gentili.

Un "pedofilo regressivo" quello che pur non avendo incontrato difficoltà nei rapporti normali ha una vocazione per la pedofilia.

Un "pedofilo aggressivo" quello che ricava piacere dalla violenza anche estrema. Violentando il bambino è come se violentasse il suo se da piccolo, se è stato vittima in qualche modo nell'infanzia ora si sente carnefice.

Un "pedofilo omosex" quello che vede nel bambino se stesso da piccolo carente di cure materne, così lui lo ama come avrebbe voluto essere amato.

WARD invece dagli anni 90 propone un'altra distinzione:

4) Ansiosi resistenti, coloro che hanno poca autostima, si ritengono indegni d0amore, cercano approvazione di continuo. Il bambino è un partner che può essere controllato.

5) Evitanti- timorosi, caratterizzati dalla tendenza ad evitare rapporti con soggetti di pari maturità sessuale per pregresse esperienze non positive. Le relazioni asimmetriche sono più semplice. Questi sono meno delicati dei precedenti.

6) Evitanti- svalutativi, vanno alla ricerca di relazioni impersonali senza troppa emotività e sono molto aggressivi.

Per la pedofilia non esistono numeri certi e le stime sull'estensione e la frequenza del fenomeno sono approssimative, questo vale per le statistiche generali come l'Istat e per le stime dei ricercatori. Solo in linea di massima si possono proporre stime sull'entità della pedofilia, bisogna valutare "caso per caso".

Sotto il profilo criminologico anche la pedofilia è caratterizzata da un elevatissimo "numero oscuro", quattro sono i fattori principali di questa oscurità: il modo caratteristico con cui la pedofilia è vissuta dal soggetto, la soddisfazione sessuale del proprio impulso p l'acquisizione di fiducia nelle proprie capacità sessuali; il soggetto è generalmente consapevole di effettuare un'azione illegale giudicata riprovevole ed è portato a mantenere il segreto sulla propria identità; c'è poi da considerare che il nucleo familiare del pedofilo, tende a coprirlo; infine difficilmente un bambino vittima di un abuso sessuale lo racconta ai familiari per vergogna, per paura di sanzioni o per timore del pedofilo.

I dati sommersi ammontano all' 80-90% di casi non denunciati e non individuati. La difficoltà sulla stima dell'estensione della pedofilia è comune a tutte le devianze sessuali perché implica l'utilizzo della persona attraverso una violenza.

Su questo aspetto molto incide la percezione sociale della pedofilia; è evidente che lo strumento informatico si presti efficacemente alla propaganda di questo fenomeno.

Più oscura è la percezione sociale della pedofilia incestuosa, questo tipo di pedofilia secondo la Persico è da sempre presente nella letteratura.

Il divieto di incesto può essere considerato universalmente valido anche se esistono diverse teorie in merito, dalla teoria biologica di Morgan alla teoria totemica di Durkheim alle tesi di Freud e la teoria culturale di Lèvy- Strauss.

Alcuni paesi considerano l'incesto come reato a sé stante quali la Germani, gli USA, altri come Francia e Portogallo lo considerano come un'aggravante di altri reati; anche le pene sono differenti. In Gran Bretagna il matrimonio tra cugini è consentito mentre negli States nordamericani è proibito, variabile è anche la gradazione delle pene, negli Usa 5 anni mentre in California 50.

In Italia le cifre riportate sono al di sotto del fenomeno in quanto dipendono fondamentalmente dalle denunce. Secondo i dati (1995-2005) della Polizia, gli abusi sessuali sui minori sono in costante aumento, nel 2002 la fascia d'età coinvolta in Italia è quella dei minori tra gli 11 e i 14 anni, ma nell'anno successivo 294 risultano le vittime tra 0 e 10 anni; in merito alla distribuzione territoriale spicca il Nord, fra le regioni è

[Digitare il testo]

in testa la Lombardia, la Campania e la Sicilia.

Secondo Strauss l'incesto esiste ma facciamo finta di non saperlo, quando poi la notizia diventa ufficiale fingiamo di esserne sorpresi dunque la percezione sociale dell'incesto è contraddittoria. La pedofilia incestuosa più frequente è quella del padre e del padrino nei confronti della figlia o figliastra, meno diffuso è l'incesto tra fratello e sorella, raro è quello tra madre e figlio. Prevalente è l'abuso eterosessuale.

L'attrazione del padre naturale verso al figlia spesso inizia durante la pubertà, ma come osserva la Persico l'atto incestuoso è preceduto da una serie di attenzioni e se c'è un primo atto incestuoso, è difficile che non ce ne saranno altri, inoltre in pochi casi al madre viene a conoscenza della relazione e difficilmente denuncia.

I dati di Telefono Azzurro, Censis e dell'Autorità giudiziaria, sono spesso citati dai media . Nel 63% dei casi il soggetto attivo dell'abuso è un parente della vittima, nel 21% dei casi si tratta di un soggetto ben conosciuto e solo nel 16% dei casi è un estraneo.

Anche il Censis sottolinea che l'età delle vittime tende ad abbassarsi, inoltre spesso il pedofilo è un padre apparentemente amorevole e introverso perché l'abuso ha più a che fare con le sensazioni di potere e di dominio sull'altro che con il piacere sessuale.

Per quanto riguarda la pedofilia incestuosa, spesso al relazione si conclude quando la figlia inizia a uscire dall'ambito familiare e si emancipa dalla dipendenza sessuale del padre.

Secondo le stime di alcuni sessuologi la maggior parte degli abusi domestici è consumata da patrigni; vi sono poi casi eclatanti. La Persico ne ricorda uno del 1905 dove ad abusare del bambino erano stati il convivente della madre, la madre, i nonni e altri parenti e saltò fuori che i bisnonni avevano abusato dei nonni che a loro volta avevano abusato di figli e nipoti.

Il pedofilo è un soggetto che generalmente si muove con circospezione, da qui l'assalto alla rete, il pedofilo ha una doppia vita.

La ricerca condotta da Conte sembra attestare che i pedofili sono del tutto consapevoli di quello che fanno innanzitutto tengono il conto delle vittime: nel campione da lui analizzato variano da 1 a 40, per quanto riguarda l'età si va dai 18 mesi a salire e in molti casi le vittime sono parenti; ad attrarre il pedofilo sono tratti fisici, ma anche caratteriali.

La maggior parte degli intervistati ammettevano una forte paura per la possibilità di essere scoperti, da qui al preferenza per i bambini più piccoli. Dopo l'identificazione della vittima, nasceva il problema di convincerli ad iniziare il rapporto e quindi regali, parlare, giocare, fino al contatto fisico. Traspare al tendenza a minimizzare le conseguenze negative per le vittime.

Tonino Cantelmi si sofferma sulla "cultura pedofila" attraverso materiale reperito in internet nel 1998, si apprende che un'associazione di pedofili "The Slurp" ha diffuso una "lettera" a tutti bambini invitandoli a fare ciò che hanno il diritto di fare.

Per quanto riguarda al pedofilia on line, l'89% dei casi individuati rientrerebbe in una pedofilia esclusivamente voyeuristica ossia centrata sulla fruizione di materiale pedopornografico senza alcuno contatto fisico.

Dai dati forniti da Marco Strano è difficile individuare il pedofilo in rete.

Telefono Arcobaleno e Save the Children hanno individuato tra gennaio e giugno 2008 21.600 siti pedopornografici, secondo Telefono Azzurro il maggior numero di contatti i rete si verifica negli Usa, segue la Germania, mentre l'Italia è sesta, ma per la fine dell'anno si prevede un aumento del 35% della pedofilia on line.

L'utilizzo della rete da parte dei pedofili ha suscitato nell'opinione pubblica un forte e diffuso allarme. La pedofilia on line è entrata a far apre a pieno del "lato oscuro" della rete. Un esperto della Polizia, Domenico Vulpiani si chiede se l'accesso dei pedofili in rete stia ad indicare una crescita del numero di pedofili. La crescita sulla rete in termini di offerta e di scambio di immagini pornografiche relative a minori è da collegare ad una crescita della domanda ma non implica necessariamente un aumento della pedofilia. Giordano, medico legale, crede che internet ha radunato i pedofili già esistenti.
E' certamente aumentata al percezione sociale della pedofilia; a suscitare allarme sono le dichiarazioni ufficiali dei pedofili diffuse tramite la rete.
Fanno effetto i vari decaloghi del perfetto pedofilo;la giornata dell'orgoglio dei pedofili.
L'ingresso della pedofilia e della pedopornografia nella rete rientra nelle caratteristiche del cyber crime. Il crimine in genere è sempre furtivo, quello informatico vede accentuate queste caratteristiche in quanto offre all'attore maggiori possibilità di restare anonimo.
Ma Internet ha anche portato a nuove forme criminali quali la cyber pedofilia e lo scambio organizzato di pedopornografia. Attraverso il computer la percezione del fenomeno sembra attuata in quanto il computer si interpone tra l'autore del crimine e la vittima o comunque rappresenta lo strumento principale per eseguire una determinata azione criminale.
L'Istituto di Ricerca Criminologa di Roma afferma che il cybercriminale in genere è:
a. un soggetto tendenzialmente non violento
b. un soggetto con elevate capacità di pianificazione del comportamento
c. un soggetto in possesso di minori strumenti psicologici di contenimento dell'ansia per l'assenza di un contatto diretto con al scena criminis e con la vittima
d. un soggetto con tendenza ad operare in solitudine
e. un soggetto che acquisisce tali competenze in ambito informatico
f. un soggetto che non si auto percepisce soggetto criminale.
La percezione del crimine in ambiente digitale risulta distorta, a risultare alterati sarebbero: la percezione dell'illegalità del comportamento; la stima del rischio di essere scoperti; l'essere denunciati; la percezione del danno provocato alla vittima; la valutazione della possibilità di sanzioni sociali.

Strano afferma che in alcuni casi di pedofilia on line le modalità di approccio dei pedofili nelle chat line evidenziano una sottostima dei rischi di essere scoperti. Sembra che diversi comportamenti illegali tecno mediati vengano effettuati da soggetti che difficilmente eseguirebbero in ambito digitale.

Studi e ricerche hanno permesso di comporre il "Digital profiling" del pedofilo online rispetto al modus operandi, agli aspetti clinici, alle reazioni dei minori contattati, alla connessione con la pedopornografia. A proposito di quest'ultimo aspetto le funzioni sono: gratificazione ed eccitamento, nutrimento di fantasie sessuali, ricatto; dunque è un elemento centrale della pedofilia.

Secondo Giordano è possibile che la concentrazione di pedofili e di materiale pedopornografico su internet provochi un contenimento dei comportamenti.

La crescente presenza della pedofilia e della pedopornografia sulla rete offre anche la possibilità di più efficaci indagini per in questo caso la scena criminis non offre tracce fisiche; occorrono pertanto nuove tecniche come l'impiego di particolari software per analizzare e valutare i file-log in funzione di una correlazione con i profili criminologici.

La pedofilia è per sua natura particolarmente oscura, furtiva e nascosta. I possibili contatti tra studiosi e pedofili sono rari e avvengono in ambito carcerario.

In internet gli investigatori sottocopertura entrano in contatto telematico con i pedofili o si fingono bambini disponibili ad abboccare.

Queste indagini sono affidate alla Polizia Postale e delle Comunicazioni. Le indagini non si limitano all'individuazione degli autori di reati, ma sono anche finalizzate a stabilire quadri tipologici di carattere sociologico relativi agli individui. Fondamentale è l'individuazione del tipo di linguaggio usato nel mezzo informatico, nonché di altri elementi quali gli orari di presenza sulla rete. Esistono delle "linee guida" primarie: l'armonizzazione a livello internazionale delle normative di settore e la cooperazione investigativa. Tipiche del linguaggio informatico dei pedofili sono parole chiave come sex teen o pret love.

In internet il pedofilo comunica quella parte del Sé che tiene nascosta, la rete gli offre una sorta di risarcimento rispetto alle frustrazioni del reale per "restaurare" una parte del Sé.

Il computer è in grado di simulare certe forme di vita compreso l'eros.

Il principale rischio di un lavoro sulla pedofilia è quella di dedicare eccessiva attenzione al reo e alle sue problematiche psichiche trascurando al tutela delle vittime.

Fra le diverse letture sul tema del trauma e da danno subito dal bambino interessante è lo scritto di Francesco Montecchi che parla di bambini vittime di "child abuse" e segnala che aumentano le vittime in ambito extra familiare anche se c'è una maggiore frequenza di abusi in ambito familiare. Secondo Montecchi le "radici del danno" non vanno colte nel momento in cui si è verificato l'abuso, ma precedentemente: nella quasi totalità delle vittime si tratta di bambini che non avevano avuto l'esperienza del contenimento fisico ed affettivo e si rendevano disponibili all'attenzione offerta di cui il pedofilo profitta.

Per quanto riguarda il danno che il bambino subisce, frequenti sono: disturbi d'ansia, disturbi dissociativi ed isterici, depressioni, predisposizione a comportamenti auto lesivi, disturbi del comportamento alimentare, tendenza a tossicodipendenza o a dipendenza da farmaci, perversioni, fantasie aggressive, fantasie sessuali perverse. Il danno psicologico non è tanto conseguenza dell'esperienza pedofila in sé quanto della rigidità dei meccanismi difensivi che vengono attuati per difendersi da sentimenti penosi conseguenti all'esperienza pedofila. Il meccanismo di difesa più utilizzato è la rimozione, ma quando questa non regge è possibile che venga usata la negazione. Un'altra difesa è la "sindrome dell'abusato-abusatore" che da adulto potrebbe indurre il soggetto a ripetere l'abuso per soddisfare bisogni non sessuali.

Insomma: l'esperienza pedofila ha una seria ricaduta nello sviluppo affettivo, sessuale, relazionale e più precocemente si verifica più opera un'azione grave e devastante nello sviluppo successivo del bambino. Se non viene dato spazio d'ascolto, di accoglienza e trattamento terapeutico in seguito psicopatologie, comportamenti patologici e perversioni andranno a dominare il quadro evolutivo del bambino. Anche in tema di terapie per i pedofili ci si muove in un quadro di incertezza e ritardo.

La pedofilia è da considera un disturbo sessuale che ha come esito l'abuso ai danni di minori prepuberi, ma nel campo degli abusi sessuali non esiste solo al pedofilia, ci sono anche il sadismo sessuale, il voyeurismo, l'esibizionismo. I confini tra disturbi non sono netti, l'eterogeneità delle forme rende difficile l'individuazioni delle terapie.

Chi compie abusi sessuali è un malato o un delinquente? Secondo Bruno è l'una e l'altra cosa insieme. Lo stesso concetto di malattia sembra inadatto a descrivere comportamenti complessi, in particolare il concetto di malattia mentale è costituito da realtà completamente diverse tra loro. Un trattamento biologico può consistere nella castrazione chirurgica, castrazione chimica o psicochirurgia, escluse per motivi di carattere etico.

L'approccio medico-biologico si fonda sul presupposto per cui determinati comportamenti siano condizionati da anomalie fisiologiche concernenti la produzione di ormoni sessuali. In tutti i casi un trattamento chimico-farmacologico dovrebbe essere accompagnato da un trattamento psicologico che potrà consistere in un trattamento psicoanalitico ossia "cognitivo-comportamentale".

La correzione di preferenze sessuali devianti non è semplice perché non tutti i soggetti sono disposti a liberarsi del disturbo. Le stime dicono che in caso di soggetti non trattati il tasso di recidività arriva oltre il 40%, in caso di trattamento scenderebbe al 19%.

Ma come si è detto i numeri in tema di pedofilia restano ancora oscuri.

Indice

1. Introduzione al programma comunitario per la lotta alla criminalità organizzata   1
2. Indicatori socio-economici delle regioni del Sud Italia   2
3. Indicatori dell'attività criminale nelle regioni del Sud Italia   3
4. Indici di degrado ambientale nelle regioni del Sud Italia   4
5. L'organizzazione del programma per la lotta alla criminalità organizzata   5

[Digitare il testo]

[Digitare il testo]